說好話，好會說話！

直達人心的好感溝通術

Erasen

前言

當你說「早安」，對方也會回你「早安」。
當你說「好開心」，對方也會感受到喜悅。
當你關心地問「你還好嗎？」在未來的某個時候，你也會被人關心。

你的每一句話，都能讓身邊的人露出笑容，
也能讓對方的心情變得輕鬆。

你所傳遞的話語和行動，最終都會回到自己身上。

就像當你難過時，會有人陪在你身邊，
那是因為你過去也曾陪伴過傷心的人。
當你開心時，許多人為你祝賀，

那是因為你一直以來，也真心地為別人說過「恭喜」。

無論是快樂還是低潮，回到你身上的，
都是你曾經傳遞出去的情感與言語。

是的，你曾經釋放的善意，終將像迴力鏢一樣回到你身上。
傳遞、接收、接收、傳遞——這是一場美好的語言循環。

正在閱讀這本書的你，
一定是個想要「用溫暖的話語與人交流」，
並且「想讓更多人展開笑顏」的人吧。

這本書，正是為了像你這樣，希望用美好的話語讓世界更幸福的人而寫的。

它不僅能提升你的溝通力，讓你學會更多正向的語言，更能幫助你理解，那些無形之中影響著我們的世界法則。

你將學會如何吸引美好的人進入你的生活，
培養內在的堅韌，活出更獨立的自己。
你的想像力會變得更加豐富，你的內心會變得更加溫柔。

期待你讀完這本書後的心情變化，
也希望這個世界充滿滿滿的「善意迴力鏢」，來回傳遞溫暖。

那麼，首先就讓我來送出第一個——「發射！」

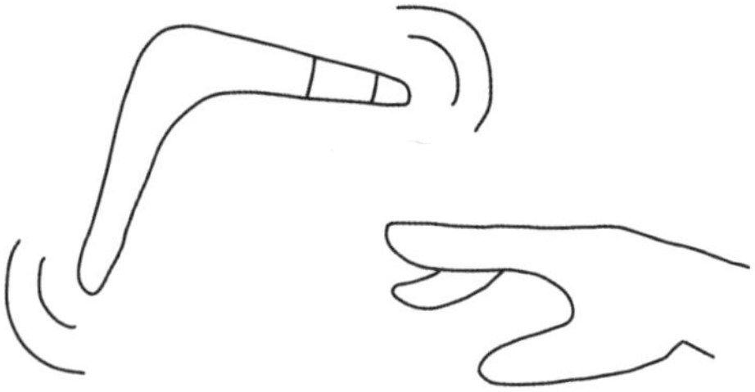

目次

第1章 只要改變措辭，就能變得更正向

第2章 各種情境的措辭轉換

第3章 人的印象90%取決於其談吐

第1章

只要改變措辭，就能變得更正向

只要稍微改變看待事物的方式，
令人難過的經歷也能變成幸運的事。
缺點也能轉化為優點。
難以啟齒的話也能順暢傳達。
本書將介紹這些
能讓你變得更正向的措辭轉換。
當你的用詞改變了，
思考習慣也會自然而然變得更積極。

對於難以啟齒或不太滿意的事，
換成第三者的感受來表達會更理想！

以往

難吃

正向

喜歡的人一定超愛

如何表達
難以啟齒的事

當你對某件事抱有負面感受時，若直接說出口，可能會讓氣氛變得尷尬或沉重。這時候，可以試試稍微調整表達方式，將語句轉換成不傷害對方的正向說法。

其中一個實用技巧就是——「不說出自己的直接感受」，而是**將個人的觀點轉換為他人的視角**。

例如：「不好吃」是一種主觀感受，若直接說出口，就成了帶有負面情緒的表達方式。但換個角度說：「喜歡這種口味的人一定超愛！」這樣一來，便透過「對某些人來說是○○」的方式，自然地轉換語氣。

事實上，對某些人來說，這道料理可能真的非常美味。這種說法，不僅能緩和語氣，還能適用於各種場合，是一個非常萬用的表達技巧！

味道強烈的料理　↓「**喜歡這種風味的人一定超愛！**」

個性鮮明的人　↓「**喜歡這種類型的人一定很欣賞！**」

設計前衛的商品　↓「**喜歡這個風格的人一定愛不釋手！**」

這種說法無論面對什麼場合都能靈活運用，是遇到不好開口的狀態時的救援神句！

另外，可以根據不同場合自由變化。像是：「年輕人應該會很喜歡！」、「這設計超適合進階玩家！」、「這種風格很符合美國人口味！」等，有許多替代的進階應用。

如果被問到的事物沒有什麼突出特點，也可以換個方式表達：「這應該是大家都會喜歡的〇〇！」

口味普通的料理　↓「這種味道應該大家都不會討厭！」

個性平和的人　↓「他人很好相處，大家都喜歡！」

風格簡單的房間　↓「這是一個適合很多人的舒適空間！」

一個人的垃圾，可能是另一個人的寶藏。

當你遇到難以讚美的事物時，不妨換個角度思考：「對某些人來說，這或許是個優點？」

這樣不僅能提升你的表達能力，也能讓溝通變得更加圓融自然！

試試這樣改變措辭

以往	正向
不適合	想必還有其他更適合的
搞不懂	前所未有
莫名其妙	抽象、藝術
沒特色	讓大家都舒服的
很土	充分展現本色

- **老氣** → **復古**
- **過時** → **不被時代淘汰**
- **膩了** → **經典**
- **瞎搞** → **很有個性**
- **怪人** → **開創先驅**

作者的一句話

思考「這個商品對什麼樣的人來說是完美的呢？」將會是練習正向思考的最佳機會。

可以將批判性或埋怨的話語，
轉換為正向的「那該怎麼做呢？」的未來導向視角。

以往

現在的政治情況真的很爛

正向

如果有更多項這樣的政策，未來一定會更好

未來式對話

為什麼孩子們總是充滿活力、精力旺盛呢？

這是因為他們在這個世界上的時間還不長，對於過去的記憶較少，腦中充滿對未來的想像。當我們專注於未來時，腦海中會不斷浮現「要不要試試這樣呢？」、「如果這樣調整會不會更棒？」這類想法。人們在回顧過去時容易產生批判，但當專注於未來時，則會激發更多創新與建設性的提案。

例如，在公司會議中，與其說「這個提案這裡不行、那裡有問題」，不如改用「如果這樣調整會更好！」這類未來導向的表達，能讓討論更積極、有效率。

從表達方式來看，大致可以分為四種類型——

1：過去×負面
2：過去×正面
3：未來×負面
4：未來×正面

1是指「當時那個人真的很糟糕」、「那次經驗讓我吃足了苦頭」等——抱怨過去的語言。

2是指「那時候真的超棒」、「那段日子過得很開心」等——回憶過去的語言。

3是指「萬一未來變成那樣怎麼辦？」、「之後的社會只會更糟，沒救了」等——悲觀預測的語言。

4是指「如果有這種東西就太好了！」、「未來我想這樣努力看看！」等——願景式表達。

能讓對話充滿期待感的，就是第4類的**願景式表達**。

從過去轉向未來，從負面轉向正面。

運用這兩條思考路線，就能創造出充滿希望與行動力的對話！

當你遇到困難時，不妨問自己：「現在不理想，那可以怎麼改善？」這樣能讓思維朝著解決方向前進。

當你忍不住想批評時，試著把目光放向未來吧！

試試這樣改變措辭

以往 → 正向

● 現在的公司真的很爛 → 公司的方針如果能改成這樣應該不錯

● 我真的很沒用 → 我想成為什麼樣的人

● 那時候的失敗…… → 吸收那次的教訓，可以應用在哪呢

● 做了錯誤的判斷了 → 下一次可以往更好的方向發展

● 說自己以前多厲害 → 以前的經驗是現在目標的基礎

- 以前就是這樣！→就以前的經驗，做出未來的預測
- 沒錢→思考該怎麼做能賺錢呢
- 那個店員態度超差→如果他能放緩態度一定更不錯
- 被朋友背叛了→未來會遇到怎樣的人呢
- 抱怨老公→想一起構築一個這樣的家庭
- 從以前到現在都這樣→接下來想怎麼做呢

作者的一句話

會覺得現在的狀態不好，是因為有理想的世界觀。
只要著眼於自己理想的世界觀，美好的未來說不定近在咫尺。

換個角度想，或許在令人難過的事背後，藏著幸福的一面。
讓我們一起掌握正向轉換的技巧吧！

以往

常買的商品賣完了

正向

發現了新的好物！

將令人難過的事
轉為正面力量

當你去購物時，發現平時常購買的商品賣光了，你會有什麼感覺呢？
可能會有人覺得：「今天運氣真不好。」

但換個角度想，沒買到習慣的商品，反而有機會嘗試新產品。
這樣一想，商品賣光了不再是件掃興的事，甚至還能當成一種小確幸！

那麼，為什麼有些人能用正面的角度看待事情，而有些人則容易往負面想呢？
關鍵就在於——**使用的「轉折詞」**。

以這個情境為例：
商品賣完了　↓「都怪……」　↓　買不到，運氣真差……
商品賣完了　↓「多虧……」　↓　發現了新商品！

當你說「都怪……」，接下來的語句幾乎百分之百將變得消極；而當你用「多虧」這一詞，後續的語句幾乎百分之百自然而然地偏向正面。
也就是說，影響我們想法的不是個性，而是我們習慣用的轉折詞！

試想這兩種人：

A：「都怪〇〇」一天說100次

B：「多虧〇〇」一天說100次

即使兩人過了一模一樣的一天，感受到的世界卻可能完全不同！

來實際練習看看吧！假設房間裡出現了一隻蟑螂——

「天啊，蟑螂出現了！」↓「不過，多虧這隻蟑螂……」↓「我終於下定決心打掃房間了！」

↓「謝啦，蟑螂先生！」

透過改變轉折詞，習慣用正向的角度看事情，就算遇到困難，也能發現意想不到的幸福！

試著問自己這個神奇的問題：「不過，多虧這件事……？」看看你能從中找到什麼樣的意外收穫吧！

試試這樣改變措辭

以往 → 正向

- 東西搞丟了 → 再次認識到那樣東西的重要性
- 剛買的東西壞了 → 剛好可以學習如何修理
- 資料不見了 → 剛好能動動頭腦
- 比賽被逆轉落敗 → 因為不甘心，才能更加精進
- 遇到電梯故障 → 正好可以順便運動

- 醬料沒了 → 是個探索新口味的好機會
- 摔了一跤 → 有了玩笑話題可以開啦
- 背包好重 → 可以趁機重訓
- 被減薪了 → 正好自己煮飯訓練廚藝
- 下雨不能出門了 → 可以好好享受一個人的時間
- 夢想破滅了 → 思考下一步的好機會
- 工作太多 → 是個學習的好機會

作者的一句話

人生苦短，沒有時間浪費在關注負面的事情上。

與其想成「我被嘲笑」，不如換個角度，變成「讓對方露出笑容」！轉換成正向幽默，心情也會輕鬆許多。

以往

被嘲笑了

正向

我讓對方露出笑容了

將令人難過的事
轉為正面力量
～人際關係篇～

以前，軟銀集團社長孫正義在推特上被人調侃：「你的髮際線退得好嚴重啊！」他機智回應：「不是我的頭髮在後退，而是我在前進。」這句幽默的正向回應一時成為話題。

這雖然是個玩笑話，但透過這種**思維轉換，很多事情都可以變得更正向。**

比如，當你出了個小錯，覺得自己被人嘲笑時，是不是會感到尷尬？

但換個角度想，與其覺得「被嘲笑」，不如想成「讓大家露出笑容」，這樣心情想必就能輕鬆許多。

同樣的邏輯，也可以應用在其他情境中：

被講壞話　→　代表受到關注

被責備　→　代表對方對你有所期待

上司很嚴格　→　代表他在幫助你成長

當人被他人批評時，情緒難免會產生波動。

但仔細想想，會在背後說三道四的人，通常也不值得在意，他們只是你人生故事裡的配角罷了。

試著轉換正面思考，選擇不去過度在意吧！

相反地，當有人嚴肅地指正你時，這代表他願意花時間關心你的成長。

被責備，其實是因為對方對你的期待值很高，才會覺得你「應該做得更好」。

這麼一想，能有這樣的人在身邊，反而應該心懷感激。

人會逐漸變成別人眼中的自己。**周圍的人怎麼看你，很大程度影響著你如何看待自己。**

如果你身邊的五個朋友都認為你聰明，你可能會開始用更聰明的方式思考，久而久之，真的變得更聰明。如果大家覺得你很幽默，你也會越來越擅長帶動歡樂的氛圍。

也就是說，和欣賞你、看重你的人相處，能夠幫助你成長。

能夠給你高度評價的人，都是值得珍惜的對象；而那些願意嚴厲指正你的人，更是難得的貴人，請懷抱感謝，珍惜他們的指教！

試試這樣改變措辭

以往		正向
被甩了	→	開啟新戀情的機會
和交往對象分手了	→	邁入下一個人生階段
收到不怎麼樣的禮物	→	找到這份禮物令人意外的魅力
總是見到討厭的人	→	試著挑戰找出他的優點
交往對象需要調職	→	正好可以把對方調職處當度假別墅

- 交往對象想法負面 → 可以讓我扮演炒熱氣氛的角色
- 收到客訴 → 得到了免費顧問
- 被老師或上司罵了 → 這是我達成對方期待的好機會
- 照顧小孩好累 → 這是我認真對待孩子的證明呢
- 和朋友吵架了 → 更深入認識對方了

作者的一句話

你才是自己人生的主角。
想要打造屬於你的美好故事，其他選角可是關鍵！

「捨棄」這個行為，其實是為了「選擇」真正重要的東西。同樣的動作，換個說法，帶來的印象卻能完全不同。

以往

捨棄

正向

選擇

負面詞彙的影響

同樣的行為、動作或狀態，用不同的說法，可能會呈現完全相反的意義。
比如說：「失敗↓經驗」、「捨棄↓選擇」、「自鳴得意↓獨樹一幟」。

是不是感覺正向許多呢？
當我們習慣用這些詞語來表達時，不僅對事物的看法會逐漸改變，心情也會變得更加開朗。

想要轉換說法的關鍵在於思考——「這個行為的目的是什麼？」
例如，「捨棄」這個行為，究竟是為了什麼呢？可以理解為減少不必要的事物，讓自己變得更輕盈自在。換個角度看，這其實是在「選擇真正重要的東西」，而不是單純的捨棄。

同樣地，「失敗」如果只看當下，的確是不好的結果，如果換個時間尺度來看，「這次的失敗，能為未來帶來什麼？」就會發現這其實是「累積經驗」的過程，讓我們離成功更近一步。

單純考慮眼前　↓　容易感到挫折
試著長遠思考　↓　看見正向可能

這說明了思考的時間範圍與語言表達之間的關聯。**事情是正面還是負面，往往取決於我們選擇的時間軸。**

轉換心態的技巧之一，就是試著用「狀態」來描述現在的情況。

舉例來說，與其說「我失業了」，不如換成「我現在處於無業的狀態」。

試著使用**「現在處於〇〇的狀態」的表達方式**。

這樣的表達方式，不僅多了一層「這只是暫時的」的意味，也會讓人有餘力去思考：「接下來該怎麼做會比較好呢？」

如果現在沒有工作，那代表可以自由選擇未來的方向。

換個角度來看，或許可以想成「我正在追尋夢想」。

人生很長，所有的經歷其實都是連貫的，沒有哪一個片段是孤立存在。只看眼前一時的狀況就感到絕望，實在沒有意義。幸福並不取決於你「現在在哪裡」，而是由你「將來往哪裡去」來決定的。無論身處何種狀況，只要心懷夢想、持續向前邁進，就已經是在幸福的路上了。

試試這樣改變措辭

以往	正向
危機	轉機
錯誤	不同的視角
好累	盡力發揮
孤單	很獨立
好難	值得挑戰

- 任性 → 有自己的堅持
- 無聊 → 平穩
- 離婚申請 → 畢業論文
- 浪費 → 投資未來
- 逃學 → 自由
- 假笑 → 懂得覺察

作者的一句話

無論現狀為何，你所在的地方就是起點。

短處與長處往往只有一線之隔。
換個角度看待自己的缺點，或許能發現它其實是優點！

以往
消極思考

正向
思慮周全

缺點其實是優點
～消極、缺乏自信的人～

短處與長處往往只有一線之隔。

你或許不喜歡自己的某些個性，但在不同的人眼中，它可能正是你的優點。

即使是討厭自己的個性的人，也可能被周圍的人喜愛。

舉例來說，「消極思考」這個詞聽起來或許帶點負面，但其實代表你已經具備從不同角度思考的能力，特別是能察覺潛在風險。

這樣的思維方式讓你能夠全面評估各種可能性，提前預測未來的變數與挑戰。

總結來說，可以用「思慮周全」來形容這種特質。這樣的人，能夠提出樂觀者難以察覺的見解，在任何團隊中都是不可或缺的存在。

「消極思考」其實是一種才能。

類似的例子還有「容易擔心」的人，可以說是「危機管理能力高」。因為擔心，就是提前洞察風險的能力。在商業世界裡，「樂觀者與謹慎者搭檔」是很常見的組合，而擔憂未來風險的能力，恰好能補足過於樂觀者的盲點。當「謹慎」與「樂觀」互補時，往往能發揮更強的力量。

另外，「容易受影響」的人，換個角度看，就是「適應力強」、「協調性高」。這類型的人如同水一般，能夠靈活地融入各種環境，展現出極佳的彈性與適應力。

沒有人是完美的，每個人都有自己的不足與煩惱。也正因如此，我們才需要與他人連結，相互幫助。

不同時代需要的人才各有不同，有些人只因轉換跑道，就能一舉成功。環境的改變，往往能讓你的特質轉化為優勢。**與其困在對自身的執著與焦慮中，不如換個角度，重新發掘自己的長處，找到更適合自己的舞台。**

正在閱讀這本書的你，想必是個善良的人。

我希望你不僅能發現自己的優點，也能幫助別人看見他們的光芒。

在日常對話中，與其說「因為那個人的想法總是很消極」，不如說「因為那個人思慮非常周全」；這樣不僅能改變對方的形象，還會讓你自己成為有魅力，「懂得發掘別人優點的人」、「從不輕易批評他人的人」，甚至是「讓身邊氣氛更美好的人」。

與其專注於缺點，不如試著挖掘優點。對自己、對別人，都是如此。

試試這樣改變措辭

以往	正向
沒有主見	尊重對方、溫柔
陰沉	沉著、儒雅內斂
容易沮喪	深思熟慮

- **負面思考** → **具備風險管理能力**
- **存在感低** → **偶爾的發言格外有份量**
- **容易緊張** → **反應率直，值得信賴**
- **膽小** → **思考周密**
- **容易與人比較** → **具有細膩的觀察力**

作者的一句話

人生會因你選擇看優點還是缺點而有所不同。

少並不代表不好。
即使是容易被視為負面的性格，也一定有它獨特的優點。

以往

朋友很少

正向

能夠與每一個人深入相處

缺點其實是優點
～不擅長溝通的人～

當你旅行時，行李箱裡會裝多少東西呢？如果塞得太滿，回程時就沒地方放伴手禮了。

人生其實就像行李箱一樣。

每個人的「容量」不同，當內心被填滿時，就難以再容納新的事物。相反地，當你保有餘裕，便能察覺並迎接新的機會與相遇。

人在生活中擁有「空間」時，才能真正留意到新的可能性，讓改變與成長得以發生。

就像在城市中設置公園，會聚集孩子們一樣，當有空間存在時，各種可能性才會被吸引而來。

依循這個視角，便能發現「少」其實是一種「擁有餘裕」的狀態。

近年來，全球掀起了「斷捨離」風潮，提倡「只保留真正喜愛的事物」。這樣的概念同樣適用於人際關係——當你將時間與精力花在真正重要的人身上，而減少對無關緊要之事的消耗時，生活就會產生餘裕。而這份餘裕，會轉化為新的美好相遇。

無論是水、空氣、身體，世上一切事物都因「循環」而維持良好的狀態。人生也是如此，若能讓自己處於「循環」的狀態，就能維持平衡。因此，我們應該刻意保留一些餘裕，不讓自己的「行李箱」裝得過滿，才能讓人生的循環順暢進行。

「內心充滿餘裕的人」總是特別有魅力，因為我們能直覺感受到他們的生活流動順暢，內心充滿彈性，甚至覺得自己也能融入其中。

無論是擁有的物品少、人際圈小、技能不多，這些看似「匱乏」的負面狀態，**其實都是「擁有餘裕，能迎接新事物」的機會。**

如果你曾因為「自己沒有某樣東西」而感到沮喪，請記住這個道理。

無論是興趣、工作，還是人際關係，都是因為擁有空間，才能迎來新的相遇。你的可能性是無限的，甚至「什麼都沒有」這件事，經過正向解讀後，也能成為一種美好的狀態。

試試這樣改變措辭

以往	正向
想法悲觀	三思而後行 清新不造作
太過客氣	關心他人
內向	文靜
獨行俠	獨立自主

不擅言詞 → 善於傾聽
不擅言詞 → 穩重踏實
不擅長應對談話 → 不耍嘴皮子的老實人
不懂交際應酬 → 能夠客觀看待事物
不受異性歡迎 → 專情於一人
約會時話題接不下去 → 正是欣賞對方側臉的好機會

作者的一句話

「多就是富足」——人的內心可沒那麼單純吧。

比起直接指摘對方錯誤太多，
可以選擇換個方式說：「比起速度，更重視準確性喔！」

以往

常出錯

正向

重視速度

發掘自身能力①

當後輩在工作上頻頻出錯時，你會怎麼提醒他？直接生氣地說：「喂，你怎麼一直犯錯！」不僅無法解決問題，還可能讓對方更加緊張，反而適得其反。相反地，換個方式說：**「你現在的重點放在速度上了，下次試著把準確度擺在優先吧！」**這樣的表達方式更能讓對方理解並調整方向。

這並不是因為語氣變得溫和，而是因為**這樣的說法能與對方的價值觀對齊**。會頻繁出錯，代表這個人可能優先考慮的是其他事情，而不是準確性。

舉例來說：

A的工作優先順序是：「1．速度　2．品質　3．數量」

B的工作優先順序是：「1．品質　2．數量　3．速度」

如果雙方的價值觀沒有對齊，那麼單純的責備很難產生效果。

就像雜草一樣，只拔掉露出地面的部分，沒有連根拔除的話，問題依舊會在其他地方冒出來。因此將「錯誤頻繁」換個說法，描述成「重視速度」，不僅能避免負面表達，還能與對方的價值觀建立共識。

有時候，你可能會忍不住想發脾氣，但先停下來想一想：「對方現在最在意的優先順序是什麼？」再試著分享自己的優先考量，這樣的溝通方式會更加有效。

人們總是會喜歡那些懂自己價值觀的人。

如果世界上所有人都以相同的優先順序行動，那就太無趣了。

正因為每個人都不同，互相幫助，社會才能運作。學會理解他人，並適時提醒「現在最重要的是這個」，這樣的溝通技巧能讓你的團隊發揮更大的力量。

我們能夠從一個人的談吐，來判斷其人格。

想像一下，有人這樣評價你：「這個人從來不說別人的壞話！」是不是會讓人覺得值得信賴呢？反過來說，負面的言語也很容易影響別人對你的信任感。

因此，在指正別人的缺點時，請試著運用合適的轉換語句。

對後輩的指導若能多一點換位思考，多一點溫和的表達，將讓你的影響力變得更具建設性！

試試這樣改變措辭

以往	正向
缺乏計畫性	具備靈活的行動力
走一步算一步	身段柔軟
優柔寡斷	身段柔軟
缺乏必要的技能	全才
常常聽錯話	傳話遊戲的MVP

- **三天打魚兩天曬網** → **有機動性**
- **總是拖到最後一刻** → **臨危不亂**
- **嚴重健忘** → **擅長重整心情的天才**
- **不擅長應變** → **非常重視基礎**
- **不得要領** → **對每一件事都很認真**
- **缺乏經驗** → **有創新思維的潛力**
- **無法專心** → **善於察覺細微變化**

作者的一句話

你平常使用的每一句話，都是你人格的體現。

將缺點或弱點轉化為優點的關鍵，就在於思考對方在哪種情境下能發揮所長。

以往

自我意識強

正向

具備領導能力

發掘自身能力②

牙買加前男子短跑名將尤塞恩．博爾特之所以揚名於世，不只是因為他能在１００公尺跑出9秒58的成績，而是因為他比其他人速度更快。

住在山裡的人與住在海邊的人會交換山菜與魚，因為彼此擁有對方沒有的東西。

富有人士受到追捧，是因為擁有財富的人並不多。

換句話說，價值來自與他人的不同之處。

差異等於價值。組織團隊時，會特意尋找不同類型的成員，因為**當個性與他人大不相同時，這種差異就能轉化為強大的價值**。

舉例來說，「自我意識強的人」具備清楚表達自身想法的能力，這正是領導者不可或缺的特質。

他們擁有貫徹信念的自信，甚至能以果斷的作風帶領團隊。

當方向正確時，這種「強勢」能成為推動事情前進的關鍵動力。

再比如「容易動怒的人」，其實代表著他們對每件事都很認真投入。畢竟，沒有人會為不在乎的事情生氣。當這股能量被轉化成正向動力時，亦能成為推動事物前行的力量。

要將缺點轉化為優勢，關鍵在於思考——「如果這個人在○○的環境中，是否能發揮所長？」

舉例來說，對細節吹毛求疵的人，若處於需要風險管理的場合，將會成為不可或缺的人才；說話犀利、不留情面的人，或許是需要明確建議與決斷力的人最理想的顧問。

每種性格與特質，都能因環境不同而成為價值。

再強調一次，正是因為與眾不同，才會產生價值。

批評那些與自己價值觀不同的人很容易，但真正有魅力的人，是能在預料之外的世界中，發現並欣賞那份不同的人。

讓我們一起努力，成為能夠發掘並提升他人價值的人吧。

試試這樣改變措辭

以往	正向
自尊心高	有尊嚴
堅持主見	擁有自己的看法
態度傲慢	不怕事
自大	充滿自信
居高臨下	具備領導者的氣質

- 很吵 → **很有朝氣**
- 容易不高興 → **臨危不亂**
- 容易動怒 → **對自己誠實**
- 沒耐性 → **注重效率**
- 說話難聽 → **表達直率**
- 囉唆 → **能夠提醒我們重要的事**
- 常說人閒話 → **具有觀察能力**

作者的一句話

「那個人最能發揮的地方是哪裡呢？」這麼想的話，心境自然就會寬廣許多。

有時會覺得某些人不好相處，但既然無法改變別人的個性，倒不如換個角度看待，日子會更快樂。

以往

不懂得客氣的人

正向

直率又擅於拉近距離的人

發掘自身能力③

你是否曾在與某人相處時，覺得「這個人也太熱情了吧？」

所謂「不懂得客氣的人」，通常指的是與人沒有距離感的人。但其實，當我們與某個人變熟後，距離感自然會拉近。那些一開始就很親近的人，某種程度上代表著他們更渴望與人建立關係，並且確實能更快與合拍的人打成一片。

隨著年紀增長，我們學會了維持表面的和諧，不一定要觸及彼此內心深處。然而，不論年齡多大，人內心深處仍渴望被理解、被接納。如果能與人真正交心，當然會想要這麼做。

這時，那些「不懂得客氣的人」反而能輕鬆跨越心理的藩籬。在大家還在觀望、設防的時候，他們已經自然地拉近彼此距離。

這其實是一種天賦，甚至可以說是**「直率又擅於拉近距離的人」**。

此外，所謂「太過熱情的人」，其實可以說是「很容易融入群體」。

「厚臉皮的人」，可以說是「膽識過人」。

我們無法改變他人的性格，但是可以調整自己對他人的觀感。

自己的性格也是如此。

即使你意識到自己有些一般認為是缺點的特質，只要換個角度思考，就能發掘它的優勢。

也許有人會覺得「這不就是在合理化自己嗎？」但換個角度來說，這正是一種自信的展現。

與其強迫自己改變天生的性格，不如改變自己的看法，學會運用它，在對的場合發揮價值。

人們常說：「樹大招風」，但樹若大到一定程度，風也吹不倒。

性格也是如此，與其一味迎合、不斷磨平自己的特色，不如善用它，發揮你的獨特魅力。

人們若想要批評，怎麼說都能挑出毛病；想要稱讚的話，也能找到無數優點。

既然可以選擇要多說正面的話還是負面的話，我認為，選擇正面積極的話語會更好。

試試這樣改變措辭

以往	正向
只相信自己所想	貫徹信念
居功態度強烈	提醒我們懷有感恩的心
糾纏不休	意志力強
搞不清楚狀況	為大家換個氣氛
任性	有自己的堅持

- 小氣 → 對周圍觀察仔細
- 藉口很多 → 擅長自我分析／了解自己失敗的原因
- 把責任推給別人 → 信任對方
- 說話繞來繞去 → 善於應對變化
- 一直回嘴 → 伶牙俐齒
- 裝作自己很懂 → 演技不錯

作者的一句話

好壞其實取決於你的觀點。
而怎麼看待事物決定權在你，讓我們學著多採納那些正面的吧！

如果直接說出自己不擅長的感受，可能會影響他人對你的印象。
試著巧妙地換個說法，展現你的圓融吧！

以往

提不起勁、興趣缺缺

正向

靜音模式

面對難相處的人①

每個人或多或少都有自己不太喜歡、合不來的人。但如果每次談到這個人時，你總是脫口而出：「那個人真的很討厭！」**即使他真的不怎麼討喜，最終讓人印象變差的，還是你自己**。

吐槽、抱怨或許能讓人暫時感到痛快，甚至會因為多巴胺的分泌而產生短暫的滿足感。然而，多巴胺是一種貪婪的腦內分子，一旦釋放，就會讓人渴望更強烈的刺激。

這與人們沉迷於賭博、酒精或藥物的機制相同——負面言語，其實也具有某種成癮性。

更糟的是，壞話會吸引更多壞話，而負面情緒也會像傳染病一樣在人際關係中擴散，比傳染病更加棘手。久而久之，說壞話的人會被同樣喜歡抱怨的人包圍，讓自己處在一個充滿負能量的環境裡。

相反地，若能習慣用正面的語言來表達，不僅可以讓身邊的人感受到你的善意，還能讓你的周圍聚集更多積極正向的人。

舉例來說，假設你實在受不了職場上某個總是提不起勁、對什麼都興趣缺缺的同事，你不一定要強迫自己接受對方的態度，但至少可以換個說法。例如，當有人抱怨：「那傢伙完全沒幹勁，真的很討厭！」你可以輕鬆回應：「嗯嗯，他可能只是現在切換到靜音模式吧，哈哈哈。」

在你不怎麼欣賞的人之中，或多或少存在無論你怎麼調整心態，都無法認同的人，但這並不代表你需要為了這些人而讓自己的言語充滿惡意。

我有一位開咖哩店的朋友，至今從未聽過他說任何負面的話。不管遇到什麼事，他總是能用正面的角度去回應。他的這個特質，讓人願意與他分享各種話題。

畢竟和一個不會散播負能量的人聊天，任誰都會覺得自在吧？

他的周圍總是充滿輕鬆愉快的氛圍，包括我在內的許多人，都樂於向他報告新消息或與他交流想法。

因此，他總是能夠掌握最新的資訊。

或許，想要成為一個消息靈通的人，關鍵並不在於打探消息，而是學會改變措辭，用積極正向的方式與人互動吧！

試試這樣改變措辭

以往	正向
不親切	不諂言媚色的老實人
	不會勉強自己而感到心累
不懂變通	不會輕易被周遭影響
頑固	意志堅定
倔強	意志力強

- 理直氣壯 → 有邏輯
- 抱怨不公平 → 細心
- 不合群 → 有個性
- 總是羨慕他人 → 有上進心
- 有潔癖 → 專業愛乾淨之人
- 沒有魄力 → 沉著穩重
- 冷酷 → 不被感情所困擾

作者的一句話

正向的言語會吸引人，甚至是消息。

當你想要指出對方做事馬虎時，不妨半開玩笑地說：「你是不是有點太豪放了？」既能用笑聲化解尷尬，又能順勢傳達你的看法。

以往
馬虎

正向
豪放

面對難相處的人②

你的身邊是否有讓你覺得有點太隨便，或做事不夠細心的人呢？

這樣的人，換個角度想，其實也代表他們比較有彈性。

如果直接說：「你是不是太馬虎了？」可能會讓對方覺得被責難，但若改成：「欸，你是不是有點太豪放了？」**這樣不僅能用幽默感炒熱氣氛，也能巧妙地向對方傳達你的想法。**

這種說法還有一個好處，**就是對方會更容易自覺，並願意調整自己的行為。**

多數時候，大家其實都知道自己的缺點，但如果被人直接批評，難免會感到挫折或想反駁。

畢竟，當我們正面批評別人時，多少會給人一種「我百分之百是對的，你百分之百是錯的」的感覺。

然而，個性和生活方式並沒有標準答案。

在這種沒有標準答案的情況之下被他人指責，沒有多少人會坦率地接受自己被全盤否定，甚至可能會開始反過來挑對方的毛病。

這種心理作用在心理學上稱為「互惠原則」，也就是當人們收到禮物時，會想回禮，而如果是負面的對待，則會想要「回擊」。

此外，巧妙地運用幽默的說法，也能讓氣氛變得更輕鬆有趣。

例如，看到一個人邊聊天邊吃飯，吃得特別慢，直接說：「你吃飯也太慢了吧！」是一種吐槽方式，但如果換成：「哈哈，你吃得好優雅喔」就會顯得更有趣且帶點機智。

日常對話中小小的指摘，**透過巧妙的措辭轉換，可以轉化成讓人會心一笑的幽默**。

無論是開玩笑還是給建議，試著用不同的表達方式，把話說得更正面吧！

試試這樣改變措辭

以往	正向
怕麻煩	節省能源
懶惰	忠於自我
每次都遲到的人	給我獨處時光的人
沒有時間觀念	喜歡充裕時間
浪費	為刺激經濟做出貢獻

- 毛毛躁躁 → 有行動力／炒熱氣氛的存在
- 沒上進心 → 早早開悟了
- 逃避現實的人 → 很會轉換心情的人
- 動不動就道歉的人 → 能圓融處世的成熟之人
- 沒有主見 → 善於配合
- 早上起不來 → 晚上有活力

作者的一句話

吐槽也可以很正向，為周圍帶來歡樂。

「裝可愛」的人，其實是為了展現魅力而努力的「認真派」。即使是讓人不太喜歡的對象，能用正向的方式形容，才是成熟的氣度。

以往

裝可愛

正向

努力型

面對難相處的人③

在社會上，人們常會批評「裝可愛」這種行為。

然而，**所謂的裝可愛，只不過就是「努力展現自己的可愛之處」的行為罷了。**

這種討厭在異性面前撒嬌、賣弄的人的心理，其實源自於一種「不希望別人比自己突出」的情緒。

換句話說，當你對某個人產生反感時，背後往往帶著一點競爭心態或不甘心的情緒。

努力讓自己受他人喜愛，本身就是一件很棒的事。

這就像找工作時，為了獲得企業青睞而努力準備一樣。無論對象是同性還是異性，願意花心思提升自己的吸引力，就是一種很值得肯定的努力。

是的，這也可以說是一種人生態度。

「裝可愛」這個詞通常帶有貶義，但如果換個說法，稱對方為「努力型的人」，印象就會截然不同。

如果朋友在聊天時說：「那個女生真的超會裝可愛。」這時候你可以試著回：「對啊，她還蠻努力經營自己的形象呢。」這麼一來，**不只是「裝可愛」這個詞的印象變好了，你自己也會顯得更**

有氣度，讓周圍的人覺得你很成熟。

順帶一提，多數男性其實很清楚「批評裝可愛的女生」背後的心理。

換句話說，即便你本身是個很有魅力的女性，如果別人感受到你透過批評來發洩對同性的敵意，反而會降低你的吸引力，這對自己並沒有好處。

與其批評，不如選擇無視，或是意識到這份競爭心態的存在後，試著欣賞對方努力之處。

此外，「個性乖僻的人」也可以換個說法，稱為「有獨特視角的人」。這類型的人，往往對大家都認同的答案感到疑惑，進而思考出屬於自己的觀點。

所謂的「乖僻」，有時也代表著追求真理的才能。

或許現在讀著這本書的你，心裡也想著：「這不過是場騙局吧？」但這樣乖僻的思考方式，說不定能讓你找到更好的答案。

如果你能想到更棒的表達方式，記得告訴我哦！

試試這樣改變措辭

以往 → 正向

- 一直說自己的戀情 → 對感情專一很可愛
- 八面見光 → 友好
- 黏人 → 善於與人相處
- 分心 → 好奇心旺盛
- 狡猾 → 創造力十足

- 光說不練 → 有邏輯地思考
- 讓人覺得不舒服 → 讓人心跳加速
- 怕男生 → 遠離禍端
- 撒容易被戳破的謊 → 正直的人
- 莽撞 → 勇闖挑戰

作者的一句話

不論好壞，努力就是努力。
我們該為他人的努力無條件地按讚！

COLUMN

24萬人的措辭轉換 ①

如何將「好麻煩」轉換成為正面的說法？

我在Instagram上問了我的24萬名粉絲，擷取其中的一些回覆。有沒有你想試著運用的文句呢？也歡迎自己想想看喔！

〈換個角度想〉

有（其他）更想投入的事物／現在有別的想做的事／可以花時間好好處理／能更細心去做／可以花點工夫／想慢慢來／有挑戰性／剛好可以打發時間／消耗多餘精力的好機會／讓自己更進步的過程／按照自己的節奏來（懂得掌握步調很重要）／可以試試其他方法／可以想想怎麼讓事情變有趣／代表自己正挑戰一件困難的事／重視效率的人／這是累積經驗值的機會／證明自己願意努力／可以鍛鍊耐心／成長的機會／完成後一定會有收穫／要做的事情好多，求之不得／代表社會需要我／有事情忙，表示不無聊／有責任感／這是努力的時間／做完會有好事發生／修行的一環／感覺好像蠻有趣的／現在是咬緊牙關的時候／開始就代表離結束不遠了／明天就可以輕鬆一點／我有「不做」這個選擇權／能讓我做這件事是種榮幸／這是上天的考驗／未來一定會慶幸自己有做／這是在累積自己的實力／這是提醒自己該好好對待自己／還有明天／未來的想像力超強／這是命運給我的機會／或許會帶來重大改變／又學到了一樣新知識／順從自己的感受／這是讓我成長的一場挑戰／可以學到新東西／代表我很認真看待這件事／為未來做準備／可以思考怎麼更輕鬆地實踐／這是我想開始做的證明／代表我願意挑戰／有這麼多事情可做是件幸福的事／習慣了就會變成日常／現在做完以後就能輕鬆／做完就能解放了／這件事能對別人有幫助／是個獲得成就感的機會／只要做了就會結束

〈意思不變的換句話說〉

目前不是最優先的事／門檻意外有點高／還沒進入狀態／現在不是適合的時機／有點想休息／需要多幾個手續處理／需要多花點時間處理／這是種讓生活更充實的步驟／這是提升生活品質的過程／這是該先完成的事／如果拼命做的話應該可以／先苦後甘／這是前進的必經過程／想先觀望一下／現在對這件事沒有興趣／現在不做也沒關係／有點複雜／大工程／不太適合我

〈形容自己的狀態〉

省電模式／開關關閉中／這是提醒自己該休息了／願意開始做的自己超棒／完成了的自己超棒／我是慢熱型選手／今天就慢慢休息吧／現在正在充電／目前正在人生的支線旅程中／今天暫時歇業／現在還不是時候／現在的狀態很滿足

第2章

各種情境的措辭轉換

在這裡，我們將針對
「請求」、「稱讚與感謝」、
「拒絕與道歉」、「提醒與責備」
這四種情境，
詳細說明如何運用替代詞讓表達更具效果。
我們會介紹各種不同的說法，
歡迎各位靈活運用！

情境①

提出請求

讓對方也能微笑接受的請求方式！

「這種時候該怎麼開口才好呢？」、「雖然已經說出口了，但會不會哪裡說錯了……？」

你是否也曾有這樣的煩惱？

麻煩他人時，若稍微說得不對勁，就可能讓對方覺得「被強迫」、「被使喚」，甚至產生抗拒的情緒。

但如果換個說法，讓對方感受到「你願意相信我！」、「你把這件事放心交給我！」，是不是會更讓人樂於接受呢？

掌握「請求的藝術」，不僅能讓對方心情更好，也能讓人際關係更加和諧。

這裡要介紹幾種方式，讓你的請求不只不會惹人反感，還能讓對方帶著笑容答應。

讀完之後，也許你在人際相處上的困擾就能迎刃而解！

讓對方願意愉快幫忙的關鍵，
就是告訴對方「我特別想請你幫忙」的理由。

以往

現在來開會

正向

我希望聽聽你的點子，
所以可以一起參加
這場會議嗎？

向對方傳達「因為是你」的理由

你會因為什麼樣的人的請求，而願意幫忙呢？多半是那些認可你、相信你的人吧？請他人幫忙的關鍵在於，讓對方產生動力。

人們會對**「沒有自己不行的事情」**產生責任感。像是育兒，父母能夠承擔育兒的辛勞，就是因為「如果沒有自己，孩子就無法生存」。

這種「只有自己能做到的角色」，是極大的動力來源。相反地，如果對方只是隨口說：「誰來都可以，剛好找你做吧」，那大概沒有人會有幹勁吧？

請求幫忙的理由，通常是「自己無法做到，但對方能夠做到」。而選擇請託某個人，更是因為「相信這件事交給他就沒問題」。所以，與其只是單純請託，不如直接把這份信任表達出來。

關鍵句是：**「因為是你，我才想拜託！」**參與會議時，可以說：「我想聽聽你的想法！」尋求建議時，可以說：「這件事只有你可以聽我說！」請對方幫忙時，可以說：「我需要你的力量！」

超越計較利益的關係，是透過激發對方的使命感與團隊意識建立的。

明確指出需要對方的什麼能力，
能讓對方更有動力！

以往

這件工作可以幫我做嗎？

正向

我覺得這是你的專長，
能借助你的力量嗎？

具體讚揚對方的能力

當我們向別人提出請求時，話語的切入點大致可以分成兩種——

1 從自己角度出發：需要幫助時的請求（例如：「我現在忙不過來，能幫我一下嗎？」等）

2 從對方角度出發：強調對方的能力（例如：「有你在，事情一定會順利！」等）

想當然，對於被請求的一方來說，從對方角度出發的情求方式，也就是後者，更能激發行動力。**當對方明確知道自己哪方面的能力受到重視時**，會更有動力接受請求。例如：「公司最懂美食的○○，請你來幫忙選餐廳吧！」或「擅長炒熱氣氛的○○，這次的主持工作就拜託你了！」

如果只是籠統地稱讚，可能會被認為只是客套話，但加入具體的能力點，對方就能感受到：「原來對方真的有在關注我！」這樣的請求，不會讓人心生反感對吧？

此外，請求別人幫忙，也是一種給予對方角色與成長機會的方式。有時候，正是因為被請求，對方才意識到自己的長處，甚至開始挑戰新的領域。善於請求別人的人，其實也是善於發掘與培養人才的人。

如果你本身有指導或培養他人的機會，請試著運用「具體能力稱讚×請求」，這不僅能讓對方更樂意幫忙，也有助於他們的成長！

在請求他人幫忙時，除了表達自己的想法，加入「第三方的感受」，效果會更好！

以往

這項工作就交給你了！

正向

如果由你來負責，大家一定會很開心！

代替第三方表達想法

比起單純為了自身利益行動的人，那些為了家人、社區、甚至世界努力的人，更容易獲得他人支持。這是因為當我們看到一個擁有宏觀視野與遠大目標的人，便會不自覺得產生一種「我也想成為其中一份子！」的心理。

在請求他人幫忙時，這種心理同樣適用。若不只是表達自己的需求，而是**加入第三方的感受，往往能帶來更出乎意料的好效果。**

想像一下「你的能力能讓世界變得更美好！」像這樣的請求，幾乎無法拒絕吧？但如果是「拜託幫我賺一筆，我分你一點利潤！」這樣的說法，大概很難讓人產生共鳴。

重點是，**這個請求能讓多少人受益？**仔細想想，你的請求可能不只影響你自己，而是與許多人的幸福相關。不論是分享夢想、提案簡報，或是演講發表，運用這個法則，都能獲得更多人的支持！

順帶一提，我寫這本書，就是為了讓世界上更多人能夠擁有正向的心態喔！

在向好勝心，或反骨意識較強的人提出請求時，
用「這（對其他人來說）很難……」這種提高挑戰門檻的方式非常有效。

以往

你要不要解解看這一題？

正向

聽說這題的答題正確率只有20%，你知道怎麼解嗎？

先設一個挑戰門檻

有句眾所週知的登山家名言：「因為山就在那裡。」原本是回應「為什麼要爬山？」的問題。但其實不只登山家，每個人都有一種「看到挑戰就想跨越」的單純本能。

舉個例子，當有人對你說：「這個問題很難，不過我覺得你或許能解決，所以想跟你討論看看。」你的反應會是什麼呢？很可能會下意識地躍躍欲試，想著：「哦？聽起來很有挑戰性啊，那就來看看吧！（這難得了我嗎？）」

這就是所謂地鐘擺效應，人就像鐘擺一樣，門檻設得越高，挑戰的慾望也越強烈。請求別人幫忙時，可以善用這種心理，**先設一個讓人「忍不住想挑戰」的門檻，進而提升對方的積極度。**

例如：「這道題目正確率只有20%，你解得出來嗎？」這種說法，會讓人不自覺地想試試看。**特別是對好勝心強、容易被激起鬥志的人**，這招格外有效。當然，還是要看對象使用。

物理定律跟心理運作的模式，其實也有這般有趣的規律呢！

情境②

稱讚與感謝

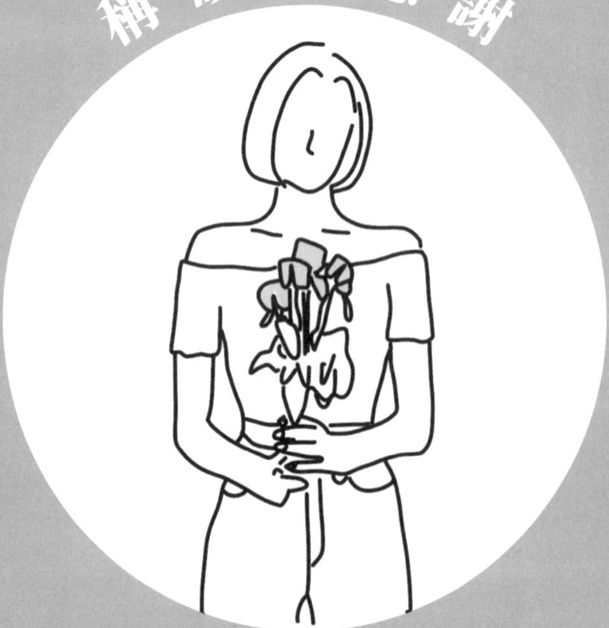

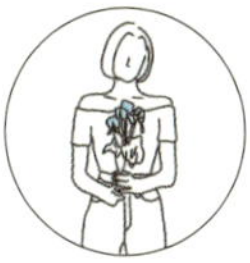

一句好的讚美，能讓人一輩子銘記！

「想讓我喜歡的那個人露出笑容！」當你有這樣的想法時，會選擇用什麼話語來傳達呢？

內心滿溢著想表達的情感，卻不知道該如何說出口——這樣的經驗，應該很多人都曾有過吧？想傳達敬意、想讓對方知道自己對他的好印象、想表達他有多麼出色……

那麼，該如何讓自己的想法，百分之百傳達給對方呢？

這時，讚美的話語就能派上用場。

人們天生渴望被讚美，而一句簡單的讚美，往往能成為推動對方前進的動力，甚至改變人生的方向。磨練讚美的能力，不只是讓對方開心，更可能影響其一生。尤其是那些真正觸動人心的讚美，即使多年過去，仍會深刻留在記憶裡。

接下來，我們將介紹哪些讚美最能打動人心。

當你讀完這些讚美的方式後，一定會想找個人試試看！而那個特別的人，肯定也會露出最燦爛的笑容喔！

簡單地說「你很貼心！」當然不錯，
但如果運用反差，讚美的效果會更上一層樓。

以往

你很貼心！

正向

你表面看起來酷酷的，
但其實真的很貼心！

外在的不足×內在的優點

人們天生就喜歡反差。像是「你身形纖細，卻很有肌肉！」、「原本以為你很愛玩，沒想到其實很誠懇！」、「看起來隨性，但其實做事超細心！」這類說法，因為帶有驚訝與讚賞，能讓稱讚的效果加倍。

不過，要讚美那些外表看不出的特質，往往需要一定的熟悉度。

換句話說，當我們稱讚對方「外表看不出來的優點」時，也能拉近彼此的距離。

這就是為什麼**先點出外表的反差，能讓後半句的讚美更具說服力。**

你是否看過這種商品廣告：「本以為這東西沒什麼特別，用了之後完全顛覆我的印象！」

這類行銷話術之所以有效，是因為它呈現了一個印象低落↓某個契機↓印象提升的轉折故事，讓人更有共鳴。

比起直接說「這東西很好用，推薦給你！」，透過這種先懷疑、後驚艷的方式，更容易吸引人。

所以當你想稱讚某人時，不妨先回顧自己認識對方後的心境變化，然後將之說出口。

就像說——「這本書，原本沒抱期待，結果讀完之後超驚喜！」

不管是誰，被旁人注意到自己的改變心裡都會覺得開心。
即使無法明確說出哪裡不同，簡單一句：「你今天好像跟平常不太一樣？」就足夠了！

以往

感覺不錯喔！

正向

今天好像跟平常有點不一樣？改變了什麼嗎？

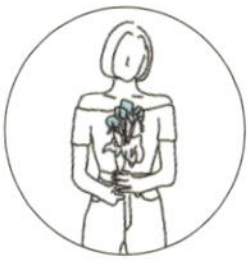

「被稱讚變化，會讓人開心」的心理法則

人每天都在變化，可能是皮膚狀態特別好、換了新的髮蠟、噴了不同的香水，或是用了流行的彩妝品。抑或是為了約會，剛去完美容院！每個人都希望自己比昨天更好，這就是為什麼「發現對方的變化並稱讚」會讓人特別開心。

當你察覺到旁人的變化時，不妨將其主動化作言語表達出來。即使不確定對方改變的細節，也可以簡單地說：「你今天感覺特別棒！是不是有改變什麼？」引導對方自己說出變化之處。還有一些實用的稱讚方式，例如：「最近氣色很好耶！發生什麼開心的事了嗎？」、「你最近變瘦了？感覺更漂亮了！」、「最近有在運動嗎？身材變得更好了耶！」等，找出對方可能產生變化之處。

如果你擔心遇到沒什麼改變的時候，那就多觀察他人，因為幾乎沒有人每天都維持體重、精神狀態、穿著打扮完全相同的狀態。如果仍然找不到變化之處，那就試試這句——「你今天『也』精神很好耶！最近有什麼開心的事嗎？」

關鍵在於：「今天『也』。」

因為，每一天的變化，都是往更好的方向前進！

在感想中加入「頻率元素」，能賦予話語特別感，不妨積極運用，讓對方感受到你的真心！

以往

超興奮！

正向

這可能是我今年最興奮的一次！

珍貴瞬間理論

有人為自己慶祝生日是一件開心的事，但能夠為他人慶生，同樣也是一種幸福。參加婚禮、見證重要時刻，或是坐上剛學會開車的朋友的車、協助好友創業等，這些經歷都帶來滿足感。我們會因為獲得「人生初體驗」而感到興奮，但能讓別人擁有「人生初體驗」，也是一種幸福。

見證他人的特別時刻，往往也能帶給自己深刻的喜悅。

所以，當你覺得某個瞬間特別珍貴時，請一定要告訴對方。

例如：「這是我人生第一次！」、「這可能是我最近笑得最開心的一次！」、「這是我今年最興奮的時刻！」——重點在於，**在表達喜悅時加上「頻率」，讓感受更具層次**。例如：「我已經很久沒笑這麼開心了！」這樣的自然表達，也能讓對方感受到你的真心。

此外，這個方法不僅適用於事件，也適用於人。像是：「能聊這種話題的，應該只有你吧！」這類說法，能不經意地傳達「你對我來說是特別的」，讓對方感受到獨一無二的價值。

真正懂得稱讚的人，即使是在讚美物品時，也會巧妙地將稱讚轉向「持有人」本身。

以往

這個真的很有質感！

正向

你拿起來特別有質感！

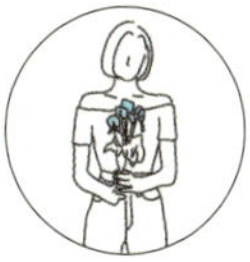

比起物品，更值得稱讚的是選擇它的你

所有的讚美，如果能與「人」本身連結會更有溫度。換句話說，即使是在稱讚物品，也可以巧妙地帶出「你的眼光很好，這件物品更襯托出你的魅力！」的語感。

舉例來說，當你想稱讚一個名牌包，直接說：「這包包好好看！」當然可以，但如果換成：「這包包好有質感！你揹起來特別有氣質呢！」這樣不僅讓讚美更有層次，也讓對方感受到他的品味受到肯定。

物品只是媒介，真正值得稱讚的，是對方的選擇、眼光與風格。

舉例來說：「這款指甲油好好看！」也可以改成這樣說：「這款指甲油好好看！這種優雅的顏色特別適合你！」這類型的讚美不僅僅停留在物品本身，甚至還能讓對方感受到「這個東西之所以好看，是因為你在駕馭它！」

讚美的技巧，在於以人為主體；而批評則選擇針對物品！

試著把你的感受化作貼心的話語，讓對方感受到你的真誠吧！

「對了，想到那天的事……」過一段時間再稱讚，會讓讚美更有份量，也更能讓對方感受到你的真心。

以往

你剛剛讓座，好帥氣！

正向

對了，想到那天你讓座的樣子，真的很帥！

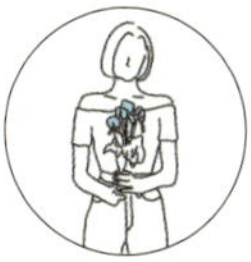

時差稱讚法

農夫會先播種，細心照料農作物，並在果實成熟的最佳時機才採收。這個概念同樣適用於商業——如果一開始不急著回收利益，而是先擴展市場，未來的回報將更豐厚；相反地，若急於獲利，可能只能獲得微小的成果。換句話說，如果不急著收割，而是耐心等待成熟，就能獲得更大的收穫。經過時間的醞釀，往往能帶來更多好處。

在投資上與人際關係中也是如此。人際關係中，當對方做了值得讚賞的事，當下給予稱讚固然很好，但如果過一段時間後再提起，效果會更加深刻。例如：「你剛剛的發言很棒！」這樣的即時稱讚能帶來鼓勵，但**若幾天後說：「對了，我一直想說，上次你的發言真的讓我印象深刻！」**這不僅會讓對方感動，還會因為**事隔一段時間，而覺得「你是真的放在心上」，使這份讚美更具分量。**

你可以在一天結束時回顧，說：「今天真的多虧了你！」或是一週後提及：「對了，那天的事，我還是覺得你超棒的！」這種時差稱讚會讓對方感受到你的真心，更能建立深厚信任。

關鍵句是——「對了，說到那時候……」試著回想過去的美好瞬間，把它化為一句暖心的讚美吧！這個過程，本身也是一種幸福。

任何稱讚的話語，只要加上「其實我早就這麼覺得了」，就能留給對方更加深刻的印象。

以往

你真的很溫柔！

正向

其實我早就覺得，你真的很溫柔呢！

把「過去」也納入稱讚之中

人們對長久持續的事物比較容易產生信賴感。比如，當我們聽到「創業百年的老字號和菓子店」，直覺就會覺得這家店的味道一定很好。

長久存在的事物，常給人「未來應該也能持續下去」的感覺，因此更能讓人放心。

這個道理同樣適用於語言表達上。相比「那個人好像喜歡你」，如果換成「那個人『一直』都很喜歡你」，後者聽起來更有說服力。

也就是說，**與其只說當下的感受，不如把過去的印象也加進去**，這樣不僅能增加話語的份量，還會讓對方覺得更可靠、更真誠。

關鍵句是：**「其實我早就這麼覺得了！」**這句話適用於各種場合，能讓稱讚變得更具影響力。

例如：「其實我早就覺得你很可愛了！」、「其實我一直覺得你的個性很好！」

這樣的表達方式，會讓對方下意識回想：「欸？從以前開始就這樣覺得嗎？那是什麼時候？」這種心理變化，會讓你的稱讚更深植人心。

此外，這種稱讚方式不容易被當成場面話。若能加上契機等具體細節，更能提升說服力。

重點很簡單：只要加上「其實我早就這麼覺得了」，就能讓稱讚更具影響力！

表達感謝時，加上「多虧了你」，能讓彼此的距離更拉近！

以往

上次真的謝謝你！

正向

上次謝謝你！事情能順利完成，真的多虧了你！

「多虧了你」是一句神奇的話語

把「多虧了你」時常掛在嘴邊，能讓人際關係更加融洽。想像一下，當你獲得某個獎項，別人對你說：「哇，好厲害！」時，你會怎麼回答呢？

有些人可能會開玩笑地說：「欸？還好吧～我超厲害的吧！」也有人可能只是簡單回應：「啊，謝謝。」當然，也有人會帶著微笑說：「謝謝你！」

當然，無論哪種回應，都是個人的風格，沒有對錯之分。但如果**能加上一句「多虧了你」**，整體的氛圍會變得更溫暖、親近。

「厲害吧？多虧了你，我才能做到！」、「謝謝！真的要感謝大家的幫助！」、「啊，謝謝，多虧大家的支持呢！」

這句話可以自然融入任何對話，無論你是什麼樣的性格都適用。當我們習慣把成功歸功於環境與他人的幫助，這句話就會自然而然地脫口而出。

能夠真心說出「多虧了你」的人，是懂得感謝、珍惜身邊人的人。而即使現在還不習慣這樣表達感謝，只要多說幾次，你也會慢慢發現生活的許多值得感謝的地方喔！

情境③

拒絕與道歉

懂得拒絕，反而更受肯定！

在拒絕別人時，往往容易讓雙方產生負面的情緒。

一方面，自己可能會覺得「不好意思，拒絕了對方」，另一方面，被拒絕的人可能會覺得失望。

這樣的情緒衝擊，其實多半是來自溝通上的誤解。

拒絕的理由有很多，可能是因為沒空、能力不及，甚至單純是個人喜好。

但問題在於——對方不一定能理解你的真正理由。

例如，可能你是真的忙不過來，對方卻以為你只是在找藉口拒絕；又可能是你只是手上的工作太多，對方卻覺得是不是你根本沒幹勁。

這些誤解，往往是因為沒有好好傳達拒絕的理由所導致的。

那麼，有沒有一種方法，不僅能讓對方理解你的立場，甚至還能讓對方對你產生好感呢？

答案是——有的！

只要掌握了讓人欣賞的表達拒絕方式，就能讓自己在拒絕他人時不再糾結，甚至還能提升他人對自身的評價！

提出替代方案，
能確實傳達「其實我很想去」的心意。

以往

不好意思，我已經有安排了！

正向

下次若有機會一定一起！記得再約我哦！

重新安排時間的提案方式

若遇到邀約，心中雖然十分想參與，卻因時間不合而不得不婉拒，此時僅簡單回覆：「不好意思，那天我沒辦法前往」，可能會讓對方產生各種揣測——你是不感興趣？不喜歡這個邀約？還是單純另有安排？過於簡短的回應，往往容易引發誤解，未能充分傳達自身的真實想法。

這時候，補充說明並傳達真正的想法就很重要。而關鍵詞就是「但是」。當你說：「今天沒辦法去，但是……」自然就能接上一句補充說明，讓對方明白你的心意。例如：「今天剛好有安排，不好意思……但是，下次一定要一起！記得再約我哦！」

請試著向對方傳達**「這次剛好不行，但是我真的很想參加」**的想法。

帶有否定含義的詞句，若搭配適當的轉折語氣，反而能轉化為更正向的表達。

其他像是：「今天身體狀況不太好，可能不方便……（但是）我們下週再約，好嗎？」拒絕邀約時，試著搭配「但是」來補充說明、**提出重新安排其他時間**，就不會造成對方不必要的猜測。

含糊的回應容易造成誤解，
拒絕時請明確表達自己的範圍與可能性。

以往

啊！那我去吧……

正向

三十分鐘之內的話，
我可以參加！

附帶條件式的應允

對於邀約的回應，不一定只能是「可以」或「不行」。有時候我們的想法是有層次的——有些邀約可以接受10％、有些可以接受30％，有時則希望盡量婉拒。因此，不需要一刀切地拒絕，也不必完全迎合對方的期待。

這時，不妨直接表達「可以接受到什麼程度，哪部分無法配合」。其實，做決定的主導權在受邀者手上。「如果……也可以的話」這類委婉的語句，能讓你的回應更加圓融。

例如，若受邀吃飯，但時間有限，可以說：「30分鐘內的話，我可以去！」**以時間作為條件**回應。若是餐點內容不太合適，可以說：「如果是比較清淡的和食，我可以吃。」或「日本酒不行，但雞尾酒可以。」**以附帶條件來同意邀約**，就能在表達需求的同時，不讓對方感覺遭到拒絕。

這種說法能夠柔和地傳達自身立場，特別適合希望拉近距離的對象。不妨在對方的提案中，保留適合自己的部分，再加上自己的意見。如果真的想委婉拒絕，也可以在「如果……的話可以」的條件中，設下對方無法接受的要求，讓對方自然理解你的意思。

既然內心的選擇不只是「全有」或「全無」，表達方式當然也可以有更多可能性。

「○○不行，但△△可以」是好用的婉拒句型。
當你有心想幫忙，卻無法完全答應時，可以靈活運用這種說法。

以往

明天之前都沒辦法……

正向

明天之前無法全部完成，但我可以先完成一半！

提供替代方案

當麻煩別人做某件事時，若只得到類似「這個我沒辦法喔～」的回應，我們容易覺得對方缺乏誠意，反之亦然。但其實，很多時候並非不願意幫忙，而是因條件受限，無法完全達成。這時只要補充「哪些部分可以做到」，就能讓對方感受到你的合作意願，也能留下更好的印象。

這樣的回應不僅展現你的誠意，還能讓對方依據你的回覆，決定是否找其他人幫忙，或調整時程安排，使雙方的溝通更加順暢。

「○○可能做不到，但△△可以」的萬用句型可以套用於這種情形。例如：「全部可能沒辦法完成，如果只有一部分是可以的」、「這次無法接下，但下次沒問題」、「我做不到，但可以幫你介紹適合的人選」。

即使真的無法幫忙，也可以用正向語句收尾，使整體語氣更圓融，例如：「這次沒辦法接下，不過我會為你加油！」（表達支持）、「這件事我沒辦法處理，但可以嘗試其他方法協助」（提供其他可能性）。

所謂「結尾圓滿，一切美滿」試著用積極正向的語氣來作結，讓拒絕變得更得體吧！

如果想要明確拒絕，不必多加解釋，簡潔結束對話即可。掌握對話的主導權，是拒絕時的重要關鍵。

以往

啊！那天我已經有其他安排……

正向

不好意思我沒辦法去。不過還是謝謝你的邀約！

直接果斷地拒絕

無論何種對話，能夠將對話收尾的人，往往擁有主導權。如果想要順利掌控對話的節奏，學會漂亮的收尾方式是關鍵。「下次有機會一定！」、「不過還是謝謝你的邀約」等，能自然地畫下句點。

當我們拒絕邀約時，如果只說明理由，往往會讓對方有機會提出替代方案，讓對話變得更難結束。

例如：「啊，最近手頭有點緊……」→「沒關係，我請客！」；「今天有點忙……」→「那你哪天有空？」等等。而如果不說明具體理由，直接收尾結束對話，就能讓話題超越「去」或「不去」的二選一，避免無謂的糾纏。例如：「不好意思，下次有機會一定請再約我」、「抱歉，這次沒辦法去，但還是謝謝你的邀約！」

「下次有機會一定」看似以時間作為理由，但關鍵是不提供具體時間點。若對方進一步追問：「那你什麼時候有空？」你可以回應：「我確認後再跟你說。」讓話語主導權回到自己手上。

想要果斷拒絕時，不必多作解釋，只要簡潔收尾，就能有效掌控對話節奏。請記住「能掌握結束權的人，才能掌控整場對話」。

情境④

提出指正與批評

在指正他人時，讓對方看到你的善意！

當我們責備或提醒對方時，容易會造成對方心情低落或沮喪。

但其實，只要稍微改變說話的方式，就能讓對方從低落變成面帶笑容、心懷感激。

試想，當你對重要的人提出指正時，得到對方回應「對不起」與「謝謝」，哪一種對話結果能讓彼此更愉快？同樣地，當你被指正時，什麼樣的表達方式會讓你心甘情願接受，甚至感到感激呢？

指正的目的，不是讓對方感到羞愧，而是引導對方往更好的方向前進。

因此，在溝通時，最重要的是展現理解對方的態度，與真正為對方著想的心意。

那麼，該如何讓對方感受到「這是為了我好」呢？有哪些話語能展現理解對方的姿態呢？

接下來，我們將介紹幾種有效避免強加於人，站在與對方同一個立場的溝通方式。

這些技巧不僅僅能幫助你掌握更巧妙的指導、提醒方式，也能讓你在人際關係中展現更多的體貼與影響力。

✔ 在提醒他人時，切忌用命令語氣。「去做〇〇！」這類話語，往往會讓對方喪失動力。

以往

去讀書！

正向

一起來讀書吧！

用「我們一起做〇〇吧」取代「去做〇〇！」

回想一下你的童年經驗——當長輩對你說「要聽大人的話！」和「希望你能信任爸爸」，哪一種說法更讓你聽得進去呢？

不論年齡大小，沒有人喜歡被命令，因為**命令讓人出於「恐懼」行動，而提議能激發「好奇心」，請求則能喚起「共鳴」**，這三者帶來的動機與結果截然不同。

當孩子被嚴厲地催促：「快去念書！」時，可能會因壓力而讀書，卻容易對學習產生厭惡感。但如果換成「一起來讀書吧！」並且讓孩子看到父母也樂在其中，他或許會發現學習的樂趣。

在職場也是一樣。如果主管直接命令：「去把這件事給我弄好！」員工可能只會覺得麻煩。然而，若是忙碌的前輩以委婉地姿態說：「這個工作我也可以做，不過有沒有人想試試？」聽到的人可能會主動回應：「我現在有空，我來做吧！」即使是同樣的工作，心態卻大不相同。

人們有種「一旦做出選擇，就會努力維持一致」的心理傾向（一貫性原則），因此，讓對方主動決定是否參與，往往更能提升積極性。付諸行動之前的過程，其實對行動本身影響頗大。

難怪有些業務員總是說：「都可以喔，你覺得呢？」這種交給對方做決定的話術，或許正是他們高明的技巧呢！

如果希望對方改正某件事，在否定之前，先試著了解對方這麼做的原因吧。

以往

這樣不對吧！

正向

你是基於什麼考量才這麼做的呢？

詢問對方的想法

為什麼對方會做出你認為的某個不妥的行為呢？

有可能是「沒意識到這是錯的」、「有特別的考量」、「只是想引起注意」、「價值觀本來就不同」、「出於惡意」、甚至是「一種迂迴的善意」等，種種出發點。

正因為可能性這麼多，若一開始就直接否定、斥責對方，可能會讓人感到委屈，甚至因此產生反感。畢竟，如果對方本來是出於好意卻被責備，可能會認為自己根本不被理解，甚至因此關上心門。而且，就算受到指正，若對方沒有真正理解問題所在，改變也只是做表面功夫，並不能發自內心接受。

所以，**當你覺得哪裡不妥時，不妨先詢問對方：「你是基於什麼想法才這麼做的呢？」**如此，不僅能讓你發現對方意想不到的觀點，也有機會更深入了解彼此的價值觀與優先考量。同時，**當對方感受到你的理解與尊重，或許會更願意聆聽你的意見。**糾正只是表面，去理解對方心裡深處的想法才更重要。

表現出來的行為只是一部分，真正影響行為的，是那些看不見的背景與想法。

在糾正對方時，與其用與他人的比較來否定對方，不如將他人作為參考，能成為有幫助的提醒。

以往

這不是應該要會嗎？

正向

其他人是這樣做的，你可以參考一下！

提出解決方案

當我們對別人說：「連這個都不會嗎？」時，大多數人只會感到挫折，這句話不僅打擊對方，還毫無建設性，因為它只是為了貶低對方而存在。「這不是很基本嗎？」、「別人都會做啊」這類話，同樣對改善現況毫無幫助。

與其用比較來否定對方，不如借助他人的做法來提供建議。例如，當對方的工作進度落後時，可以說：**「可以參考一下其他人是這樣做的」為對方提供思路。**

無法順利完成某件事時，當事人往往是最懊惱的。造成困難的原因可能不適合、經驗不足、缺乏方法，甚至是心理狀態影響。又或者，你本身能力出色、工作效率快，導致後輩難以跟上。

但職場是團隊戰，與其單打獨鬥，不如成為能精準傳球、帶動團隊的關鍵人物。試著在你想批評對方的不足時，改為提供建設性的建議吧。

身為優秀的人，更該成為培養人才的引導者，將比較轉化為有價值的啟發吧！

光是責備失敗並沒有任何意義。
試著用能引導對方尋找下一次挑戰或解決方法的話語來鼓勵對方。

以往

都跟你說過了吧

正向

下次注意就好

將焦點放在未來

世上沒有真正的失敗。

這麼說可能會被吐槽：「別說這種冠冕堂皇的話！」但想想看，若人生因一次失敗就此終結，那確實算是失敗。然而，在多數情況下，人生仍會繼續向前。

美國第16任總統林肯曾說過：「我不關心你曾經跌倒，我在乎的是你如何站起來。」

當人跌倒時，往往只會專注於當下的挫折，而忽略了可能近在眼前的未來。這時候更需要有人為他們指引前方的路。

比如，與其說「都跟你說過了吧」，不如改成「下次注意一點」，將話題轉向下一次的挑戰。與其說「真讓人失望！」，不如說「接下來我們該怎麼做？」一起思考解決方案。

能讓人把視線從失敗轉向未來的話語，才真正能夠賦予人勇氣。當遇到身邊有人遭受挫折時，請試著說：**「那接下來我們該怎麼做？」幫助他們看見未來。**

順帶一提，人們在低潮時，特別容易對伸出援手的人產生強烈的好感，這或許也是讓人信賴你的好機會喔！

即使覺得對方的想法有誤，分享彼此的想法，或許能激發出更好的點子。

以往

你的想法不對吧

正向

我的想法是這樣的

表達自己的想法

想法的對錯，往往取決於觀點的不同。

舉個例子。假設有兩種看法──「A：下班後早點回家休息，才能提升工作品質」、「B：透過聚餐交流，能增進同事感情，提升工作品質」這兩種觀點看似相反，但若有人提出「C：聚餐交流很重要，但頻率應該考量員工的負擔」，這樣的觀點或許能兼顧雙方的想法。

意見A的存在，可能催生出相對立的意見B，而這兩者的優點結合，便可能發展出更進一步的意見C。社會就是在這樣的過程中不斷成長，**透過不同立場的碰撞，吸收彼此的優點，推動時代前進。**所謂的「正確」，其實就像鐘擺一樣，不斷的在擺盪。

人的思考方式也是如此，相對立的意見其實是成長的重要契機。一旦否定對方的想法，認為「只有自己是對的」，思考就會停滯不前。

因此，在提醒別人時，與其說「照我的方式做」，不如說「我是這樣想的，你覺得呢？」這樣不僅能讓對方有思考的空間，也能讓彼此的觀點互相激盪，促進更好的發展。

當你希望對方停止某個行為時，
如果能提出停止行為的好處，對方會更容易接受。

以往

這樣做很丟臉！

正向

做〇〇會更有魅力喔！

「這是為了你好」的正確用法

如果聽到醫生對你說：「不戒菸的話，一年後可能會死。」想必會讓你感到動搖吧。

讓人行動的話語，影響力排名如下：「1．激起恐懼」、「2．提出好處」、「3．直接否定」。

第一名的「恐懼」，舉例來說，求職時如果聽到：「履歷照不是去專業照相館拍的，可能會被淘汰。」大多數求職者就會趕緊去照相館拍照。也就是說，「如果不做〇〇，未來可能會很慘」這類話，會強烈驅使人採取行動。

第二名的「好處」，指的是讓人具體想像行動帶來的好影響，例如：「用了這款化妝水，肌膚會變超滑嫩！」或「喝這個就能瘦！」

至於第三名的「否定」，則是直接批評對方，例如：「這樣很土，你一定要買這件衣服。」或「你太笨了，應該讀這本書。」這種方式，只有當對方崇拜說話者時才可能奏效。

在這三種方法中，最正向的是「2．提出好處」。與其用恐懼或否定來推動對方，不如說：「這樣做會讓你更有魅力喔！」用正面的方式來傳達好處吧！

COLUMN

24萬人的措辭轉換②

如何將「怎麼一天到晚都下雨」轉換成正面說法？

我在Instagram上問了我的24萬名粉絲，擷取其中的一些回覆。有沒有你想試著運用的文句呢？也歡迎自己想想看喔！

〈大範圍視角〉

地球的保濕／地球充電中／大地補充養分，植物也跟著吸收養分。今年豐收，值得期待！農作物天天笑開懷／美味的稻米大豐收／天降恩惠滿滿／生命的水分補給／不用擔心水荒／防止地球中暑／雨傘業界大賺一筆！／地球的肌膚大減齡！／因為不方便外出，疫情有望更快結束／世界某處必有晴天／儲存未來的晴天／自助洗衣店生意興隆／大自然的撒嬌週

〈對自己的好處〉

每天都不用加濕器／肌膚水潤，天然保濕噴霧／不用擔心曬黑／喜歡聽雨滴打在傘上的聲音／雨聲讓人放鬆療癒／可以待在家處理事情／天氣涼爽舒服／不用洗車／農民們開心豐收／更期待晴天到來／晴天時的行動力大增／等放晴一定要去〇〇！／拍美照的好機會！／說不定明天能看到彩虹！／可以帶著時尚的雨傘走跳／體育課不用上，50公尺短跑可以免了！／終於可以穿上喜歡的雨靴／水庫蓄水量增加（沖繩離島日常）／撐傘剛好遮住臉，可以安心哼歌♪／雨天是為下一步做準備的時間／可以窩在家裡讀書／有種在東南亞旅行的氛圍／待在家玩Switch／宅在家也不會有罪惡感／能和家人相處／享受居家約會／大地的綠意補充養分

〈浪漫篇〉

和太陽進行遠距離戀愛／每天都有可能看到彩虹／天空的眼淚／這陣子天空也想哭吧／情緒的大掃除／「雲啊，有什麼難過的事，來我家坐坐吧」／每天都可以共撐一把傘♡肩並肩走在一起／「馬上就要放晴囉!!」／太陽害羞了／每天都是大自然的音樂會／最近天空脾氣不太好呢／這氛圍太有感了吧？／太陽放暑假中／午後陣雨的遊行／「這是飛鳥吧」（靈感來自〈開始總是下雨〉）／神明的失戀期／可以趁機借傘給別人，創造機會!!

〈從物品與生物視角〉

蔬菜們開心吸收水分／皮鞋放有薪假了／雨傘終於能派上用場，超開心／對雨來說，現在是旺季吧／繡球花開心地笑了／植物們迎來吃到飽的時刻／青蛙最讚!!／這是適合遇見蝸牛的日子／青蛙們的嘉年華／青蛙與花朵的派對日／花朵變得生氣蓬勃／晴天娃娃的逆襲

第3章

人的印象90%取決於其談吐

作為一個成熟的社會人士，
應該掌握那些能展現品味的用語，
以及容易出錯的用字遣詞。
只要記住這些，不論在任何場合，
面對任何對象，都能應對自如。
你的形象會更出色，
人際關係也會隨之改善！

只要稍微補上一些詞語，就能讓表達更顯禮貌。
比起想法本身，擁有襯托作用的補充話語更能決定整體的印象。

以往

您好！

細緻

您好，很高興認識您！

提升好感度的補充話語

這個世界上有一種「加點細節就能讓整體更有質感」的法則。

當我們遞東西給別人時，雙手奉上比起單手遞出來得更有禮貌；舉杯乾杯時，若另一隻手輕輕扶住杯身，看起來也會更優雅。同樣地，端上飲料時，搭配杯墊或托盤，也能讓整體顯得更精緻。

這樣的概念也適用於語言——**加上一句「補充話語」，就能讓說話更顯質感。**

舉例來說，試著在「您好！」後面加上「很高興認識您！」。假設同時遇到兩個新認識的人，你會覺得哪一位更有親和力呢？

A：「您好！」

B：「您好！很高興認識您！」

大多數人應該會覺得B的表達更具好感吧？

再比如，「謝謝您！」後面加上一句「受寵若驚」，變成「謝謝您！我真的受寵若驚！」是不是多了幾分成熟穩重的感覺呢？

其實，那些讓人覺得有品味的人，往往就是擅長使用擁有襯托作用的補充話語。

這些詞語本身雖然不長，且沒有過多的存在感，但卻像隱藏版的調味料，能讓整體的語氣變得更圓潤動人。補充話語並沒有固定的標準答案，但只要掌握以下要點，你也能成為運用得宜的人：

問候語　↓　加上你的情感
請求　↓　加入體諒對方的話
拒絕　↓　表達遺憾的心情

舉個例子，與其說：「請幫忙製作這份文件」，不如說：「可能會有點麻煩，但可以請您幫忙製作這份文件嗎？」這樣的說法，包含著你想表達增添他人負擔的歉意。

再比如，拒絕邀約時，與其說：「今天有安排」，不如改成：「真的很想去，但可惜今天已經有安排了」，這樣能讓對方感受到你的誠意與遺憾。

人們其實並不是只在意話語的內容，而是會透過這些細節來感受整體的氛圍。

當你開始自然地使用補充話語時，或許就能增添週遭人臉上的笑容喔！

試試這樣改變措辭

以往

細緻

● 不好意思想請您幫忙
→ 雖然讓您幫忙實在過意不去，但還是懇請您的協助

● 我認為這點不太妥當
→ 恕我提出反對意見，但我認為這點不太妥當

● 重點有些偏離了
→ 您的意見確實值得考慮，但主旨似乎有些偏離了

● **可能需要稍等一下**
↓
因為是現做的，可能要麻煩您稍等一下

● **請小心前來**
↓
麻煩您特地前來，請務必注意行車安全

● **恕我婉拒**
↓
承蒙厚愛，實在受之有愧，還是恕我婉拒

● **感謝您的關心**
↓
一直受到您的關心，真是萬分感謝

作者的一句話

包含心意的補充話語，有時比一束花更讓人感到開心。

「謝謝你」、「恭喜你」、「不好意思」。
如果覺得這樣不夠傳達心意，不妨升級一下傳達感情的用詞。

以往

謝謝你

細緻

真的很感激

升級你的日常表達方式

人們對日常生活中難以體驗的事物特別容易感到動容。

例如渡假、頂級飯店、海外旅行，或是人生僅有一次的特別經歷等。

日常的習慣帶來安心感，而非日常的體驗則帶來刺激與感動。

這樣的概念同樣適用於語言。我們平常習慣使用一些「基本用語」，例如：「謝謝」、「麻煩你了」、「恭喜」、「不好意思」等，這些話語在日常生活中幾乎天天都會聽到。

因為很常見，大家聽了也很自然，沒有違和感。

然而，**過於依賴這些基本用語，也可能導致表達變得單調，使我們對語言的敏感度降低。**

人的情感是有層次的。有時感謝的程度是50分，有時則是100分；有時面對的是深受敬重的人，有時則是親密的朋友。然而，在這麼多不同的情境中，如果都使用相同的詞彙，是否真的能準確地傳達你的心意呢？

舉個例子，單純說一句「謝謝！」雖然沒問題，但如果換成**「真的很感激！」**，是不是更能讓對方感受到你的心意？同樣地「恭喜！」換成**「真替你開心！」**也能讓對方感受到更多情感。

即使意思相同，當表達方式更細緻、更有層次時，聽的人也會驚喜：「哇！」這就是所謂的「升級版的表達方式」，不僅能提升自己的表達能力，也能讓對方感受到更深的情感與溫度。

根據不同的對象與場合選擇合適的表達方式，細膩地傳遞情感，這正是語言的一大魅力。

既然我們每天都在使用語言，何不讓它變得更加豐富、更有層次呢？

「最能傳達你心意的話語，只有你自己能找到。」

別害怕打破日常慣例，試著尋找最符合心意的表達方式吧！

試試這樣改變措辭

以往	細緻
謝謝您	大恩不言謝
恭喜您	真的恭喜了
不愧是您	我總是打從心底地佩服
	在這方面，沒有人能比得上您呢

您還好嗎？
→ 由衷地向您致上慰問之意
→ 全體員工都非常擔心您

非常抱歉
→ 再次向您致上深深的歉意
→ 我深刻反省中

恕難從命
→ 恐怕我只能婉拒
→ 這樣的場合，實在輪不到我這樣的門外漢出場

我要提出異議
→ 恕我冒昧進言

作者的一句話

比起爭論對錯，能夠傳達你的心意才是最重要的喔！

在負面或直接的話語前加上具有緩衝作用的詞語，能讓語氣更委婉。這些用法很方便，請記下並活用喔！

以往

請告訴我您的電話號碼

細緻

如果不介意，方便告訴我您的電話號碼嗎？

具有緩衝作用的用語

車道上，通常會在急轉彎的地方之前，會看到「前方有急彎」的標誌。開車時看到這個標誌，駕駛就能提前放慢車速，做好心理準備。同樣地，如果建築物有突兀的高度差，事先標示「這裡有階梯」，看到標示的人，就能大幅減少跌倒的機率。

提前讓對方有心理準備，說得誇張一點，可能是攸關性命的重要大事。

在人際關係中，**當我們要說出比較嚴肅或尖銳的話時，若能先給個「提醒」，就能減少摩擦和衝突。**例如，在提出批評前加上**「不好意思，不過……」**，拒絕邀約時用**「很遺憾，不過……」**，或是詢問可能讓對方為難的事情時說**「如果方便的話……」**等等，這些都是日常常見、用於提醒的話語。

如果直接問對方「請問您是哪位？」有時會讓人覺得不禮貌，這時候可以加上「不好意思，請問……」，就能讓語氣更柔和，減少對方的不適感。

比方說：「不好意思，請問您是哪位？」這樣說，是不是聽起來順耳多了呢？

再舉個例子，假設你要通知合作夥伴交易沒談成，直接說「嗨！交易沒成功！」對方可能會很震驚。

但如果加上「其實這件事有點不好開口……」，像是「其實這件事有點不好開口，不過這次交易沒談成」，聽起來就會圓滑許多，減少對方的心理壓力。

當人心理上的起伏變小，即使聽到相同的內容，內心的負擔也會跟著降低。事先打個預防針，像是「接下來說的可能會讓你有點驚訝……」，無論後續的內容是什麼，衝擊感都會減輕不少。

雖然這些細微的差異不像高低落差能用肉眼看到，但心理運作的邏輯和物理世界其實很相似。就像走路遇到階梯，若沒有心理準備，很容易被絆倒；但如果事先提醒，走起來就會順暢許多。語言也是如此，適時加上一點「緩衝」，就能讓對方更容易接受你的話。

替對方鋪設一條緩坡，是一種體貼。試著用溫和的「語言緩衝」，讓你的話更有溫度、更容易被接受吧！

試試這樣改變措辭

以往	細緻
請給我資料	能否麻煩您傳資料給我呢？
這裡禁菸	不好意思，這邊不能抽菸喔
歡迎來參加	希望您能在百忙之中前來參加
請告訴我您的電話號碼	為了有什麼不備時方便告知您，可以告訴我您的聯繫方式嗎？

- 希望您能接受 → 懇請您接受這件事
- 當天有事了 → 非常可惜，當天有約了
- 因為出差中無法參加 → 很遺憾，當天因為出差，無法參加
- 十點集合嗎？ → 我想確認一下，是十點集合嗎？
- 我想補充一件事 → 恕我冒昧，我想補充一件事

作者的一句話

比起四方形，沒有邊角的圓形讓人更感溫潤。

優雅的用語就像正式的西裝，
提前準備好，才能在關鍵時刻從容應對。

以往

沒錯

細緻

正是如此

一輩子都適用的優雅談吐

如果你在冬天的咖啡廳露天座位縮著身子，店員可能會貼心地問：「會不會冷？要不要蓋條毯子？」

如果你看起來一臉不悅，可能有人會關心地問：「怎麼了？發生什麼事？」但也可能有人察覺到你的情緒，選擇不打擾你。

換句話說，別人怎麼對待你，往往是對你所傳達訊息的回應。

試想，在一場重要的商務會議上，如果對方穿著運動服，雖然說的內容一樣，但與穿西裝相比，說服力是不是會打折扣？去醫院時，若醫生沒穿白袍，而是穿著皮衣，你會不會心生疑慮？

同樣地，「你所使用的語言」其影響力甚至超過外在形象。

其實，與其單憑外表判斷一個人，不如聽他怎麼說話。穿著休閒的人，如果說話有風度，依然給人有品味的感覺；相反地，穿著正式但說話隨便，給人的印象也會偏向輕鬆隨興。

從這個角度來看，或許可以說「談吐＝他人眼中的你」。

當然，也許你會想：「這樣說話，不會太拘謹嗎？」

這裡我將介紹一些「優雅的談吐」，但是並不是說無論何時都適用，而是像衣服一樣，各有特徵、各有適合的場合。

休閒談吐　＝　運動服
優雅談吐　＝　西裝

能夠靈活運用這兩種類型的談吐方式才是關鍵。

在家穿西裝會讓人放鬆不起來，而穿運動服上班可能會顯得不太合適。語言也是如此。

就像平時穿著輕鬆休閒的人，穿起正裝會讓人覺得眼前一亮相通，平時說話輕鬆隨和的人，偶爾使用優雅的談吐方式，會讓人覺得很有魅力。

沒有哪種談吐方式絕對正確，重點是你希望自己被怎麼看待，然後自在地調整你的表達方式。

因為，你所使用的每一句話，都是你的自我介紹。

試試這樣改變措辭

以往 → 細緻

- 不好意思 → 承蒙見諒
- 我知道了 → 我明白了
- 多少錢？ → 請問價格是多少？
- 請坐 → 請入座
- 怎麼辦呢？ → 不知該如何是好？

- 辦不到 → 恕難從命
- 請確認 → 請查收
- 要試試看嗎？ → 意下如何呢？
- 請告訴我 → 敬請指教
- 讓我很感動 → 深受感動
- 好久不見 → 許久未聯絡
- 原來如此 → 您說得沒錯

作者的一句話

你的說話方式，就是你的使用說明書。

年輕人的用語，應該根據對象與場合調整為合適的表達方式。即使是相同的意見，說法不同，說服力也會有所改變。

以往

老實說

細緻

我得坦白說

一輩子都適用的優雅談吐～年輕人用語篇～

隨著年齡增長，適合的穿著打扮會隨之改變；同樣地，適合的說話方式也會有所不同。衣服只需要汰換即可應對改變，但談吐則是隨著歲月逐漸沉澱，甚至可以說，從一個人的言談中，就能看出他的生活態度。

不過，即使主張相同的觀點，為什麼有些人特別具說服力，而有些人卻讓人難以信服呢？

這之間的差異，來自於「語調節奏」與「遣詞用字」這兩大要素。

語調節奏指的是語速與停頓的運用。善用停頓（留白）的人，往往能吸引聽者的注意力。

舉例來說，像這樣的停頓運用，就是一種技巧：

「這裡有個非常重要的優勢，那就是——」

↓

（深呼吸，停頓片刻）

↓

「免費附贈導航系統！」

在關鍵內容前留出停頓，能讓聽者更加專注，進而提升說服力。

反之，當人感到焦慮時，往往會急著填補空白，例如緊張時說話變快，就是因為潛意識在排斥停頓。

因此，能夠自在運用停頓的人，會讓人感受到從容與自信。

另一個關鍵要素是「遣詞用字」，如適當運用有緩衝效果的語句。

與其說「可以的話，請○○」，不如說「若不造成困擾，請○○」，這樣聽起來更得體且尊重對方。

這類措辭不適用於過於隨性的關係，但正因如此，才更能傳達很尊重對方的訊息。

此外，許多日常用語也能轉換成更成熟優雅的表達方式，例如：「我努力！」可以變成「我會盡我的全力！」；「呃……」可以改成「不好意思，請問……」；「這有點難說」可以是「這部分的判斷比較難拿捏呢」等。

不論是語調節奏，還是用詞選擇，都需要時間累積，但人生中最年輕的時刻，就是今天。

不妨從今天開始，刻意練習運用這些技巧吧！畢竟，一個人的形象，有九成來自他的說話方式。

試試這樣改變措辭

以往	細緻
不好意思	十分抱歉
不好意思，打擾一下	不好意思，請問現在方便嗎？
不用了	不好意思，我這邊已經足夠了
很期待！	非常期待！
（你最近好嗎？）好！	託您的福，一切都很好！

- 請～ → 可以請您～嗎？
- 好厲害！ → 您的見解真是獨到！
- 真的 → 發自內心地
- 我覺得～ → 以我的立場來說～

作者的一句話

用詞得體，就是對人的尊重。讓你的話語更貼心、更溫暖吧！

總是不自覺掛在嘴邊的詞彙，
正是這些簡單的話語，能展現更高層次的優雅。

以往

非常

細緻

格外

一輩子都適用的優雅談吐

～口頭禪篇～

公司的股價每天都會有起伏，但最終仍會回歸其實力所對應的水平。短期內可能會與實力有所偏離，時而上揚，時而下跌，但到最後，「這間公司為世界帶來的總體價值」，都將反映在其市值之上。

人生亦是如此。有時候會處於極度開心的狀態，也有時會感到低落，但最終，一切都將回歸到「自己所傳遞出去的總和」。

這是什麼意思呢？讓我們來深入探討一下。

例如，經常說正面、快樂話語的人，身邊自然會聚集相似氛圍的人。相反地，喜歡講別人壞話的人，周圍也會圍繞著愛聊八卦的夥伴。而習慣貶低別人的人，往往也最容易察覺到來自他人的優越感較勁。

這就像照鏡子一樣，對著鏡中的自己說：「喂！你的頭髮亂了！」並不會讓頭髮自動變整齊，唯有自己動手整理，鏡中的模樣才會改變。

世界運行的方式，正是如此——這便是所謂的「鏡子法則」。

也就是說，你的語言決定了你身邊會聚集什麼樣的人。

這是很自然的道理，當你習慣使用優雅、體貼的話語時，那些覺得這種談吐「舒服愉悅」的人，會與你產生共鳴，關係也會更為親近。

口頭禪，是我們在日常對話中不自覺頻繁使用的詞彙。因此，**當一個人的口頭禪發生改變，人生也會隨之轉變。**

當然，這並不代表只要使用這裡推薦的詞彙就萬無一失。

不同於股價，人生的價值並無法以數字衡量。因此，重點不在於哪種說法「比較好」，而是**你希望自己擁有怎樣的人生，這將決定你應該選擇怎樣的語言習慣。**

不妨試著描繪自己理想的生活與人際關係，並培養與之相符的說話方式。

當然，選擇什麼樣的口頭禪完全取決於個人，但能夠靈活運用優雅言詞的人，通常會讓人覺得「無論在哪裡，都不會讓人感到尷尬」。

這樣的人，也更容易受到旁人歡迎，能擴展不限於特定年齡層的人際關係。

在關鍵時刻，能夠使用得體且具品味的話語，往往也更容易抓住幸運的機會！

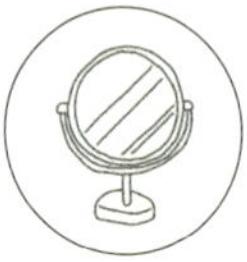

試試這樣改變措辭

以往	細緻
非常	格外、特別地
大概	幾乎、大略
所以	之所以

- **大概** → **或許**
- **但是** → **之所以**
- **不過** → **話雖如此**
- **暫時先～** → **目前先～**
- **可能～** → **有～的可能性**
- **不喜歡～** → **不太理想～**
- **謝謝** → **感謝您**

作者的一句話

優雅的談吐，就是社交場合的入場券。

在這裡為大家整理介紹一些經常聽到，但其實是錯誤的用法或敬語。

以往

不好意思了

細緻

實在抱歉了

正確的敬語使用

隨著時代變遷，語言的標準也會改變。**年輕世代的用語並非錯誤，但年長者可能會對其產生不佳的印象。**這就像我們出國時，會避免冒犯當地文化習慣一樣。

不同的世代與環境，塑造了不同的「常識」，而語言的關鍵並不只是「對或錯」，更在於「聽的人感覺如何」。

進入社會，也就意味著需要與不同背景的人溝通。

即使你身處年輕人的圈子，但只要踏入職場或正式場合，能夠使用讓各世代都覺得舒服的語言，就是一種基本的「禮貌與體貼」。

為了避免無意間讓對方不悅，以下整理出三個最常被誤用的說法，請務必注意！

第一個常見的用法是：「這樣可以了嗎？」

許多人習慣在詢問時說：「這樣可以了嗎？」但其實，當對方是現在才做決定，用「可以了嗎？」聽起來像是在回顧過去，比較自然的表達方式應該是：**「這樣可以嗎？」**

第二個常見的用法為：「稍後讓我與您聯繫」。

有些人喜歡說「讓我來跟您聯繫」，但其實這句話的「讓我來」聽起來像是在「徵求允許」，如果對方並不需要給予許可，直接說「稍後再聯絡您」會更簡單、俐落。

同樣的，這句話也是一樣的情況：「我來幫您送資料」可以改成「這是您的資料，請收下」在不需要特別強調「對方的允許」時，直接說「請收下」或「稍後傳送」就更自然。

第三個常見的，是「不好意思」的錯誤用法。

有些人習慣說「不好意思」，但其實這句話的語氣較輕，如果是在正式場合，應該改為「抱歉」或「真是不好意思」，才更能表達真正的歉意。

有些人可能會覺得：「反正聽得懂，沒關係吧？」的確，語言的重點在於溝通，但如果說法不夠精確，可能會讓對方產生不必要的誤解、讓自己顯得輕率，甚至影響彼此的關係。

掌握正確又得體的用語，不僅能讓你的溝通更順暢，也能在人際關係與職場中更受歡迎！

試試這樣改變措辭

以往	細緻
我先收您一〇〇〇元	收您一〇〇〇元
請容我向您請教	向您請教
您說的	您提到的
請問您在嗎？	請問您方便嗎？
（對長輩或上司）辛苦了	您辛苦了

● **（對長輩或上司）收到**

→ **明白了**

→ **了解，會處理**

● **○董事長先生**

→ **○董事長**

作者的一句話

使用正確且得體的用語，是讓所有世代都對你產生好感的第一步！

結語

當你開車時，遇到前方的貨車開得特別慢，有些人可能會不耐煩地想：

「為什麼這麼慢？」

「開快一點啊！」

但也有人會換個角度思考：

「或許是開車的人為了保護顧客的重要貨物，才這麼小心翼翼地開車吧。」

即使面對相同的情境，不同的人卻會有完全不同的解讀。

這說明了現實世界的事件與我們的情緒，其實並沒有絕對的連結。

世界上每天都發生著各種事情，有正面的、有負面的，

也有悲傷的、喜悅的，所有可能的情感同時存在。

我們所選擇聚焦的部分，決定了我們看到的世界是怎樣的。

比方說，假設你的公司今天倒閉了。
有人會覺得「完了，我的人生澈底結束了」，
但也有人會以更廣闊的視角看待人生，
把人生當成一部從0歲到80歲的長篇電影，然後想：
「現在雖然是低谷，但接下來的反轉肯定會很精彩！」
「說不定這會讓我的人生變得更有趣！」

人生的重大轉折，往往發生在低潮期。

試著想像你在開車，
當遇到急轉彎時，必須先減速，
否則無法順利轉向。

人生也是如此，當你高速前進時，
想要改變方向並不容易，只能逐步調整。

但如果停下來，反而能夠重新選擇方向，無論往哪裡走，都變得可行。
當人生遇到低潮或停滯不前時，就像靜止的車輛，
你周圍的道路其實是３６０度開放的。

這些物理世界的規則，
其實也適用於我們的內心世界。

雙眼可見的物理世界，
與無形的內心世界其實並無不同。
重力、擺盪法則、減速轉彎的原理，
都適用在情緒、心境的變化上。
當你理解這些法則時，即便身處低潮，
也能以更積極的心態去面對。

我希望這個世界上能多一些這樣的人。

如果你現在正感到迷惘、想要改變人生的方向，
或是想嘗試新的挑戰，
希望這本書能成為你的行動能量，
幫助你找到一些不同的「正向視角」。

試著去發現生活中的小確幸，
你會驚訝地發現，眼前的世界比想像中還要美好。

人生或許可以活到１００年，但也不過就是１００年。
既然如此，何不在這段時間裡，多多發掘「美好的片段」，
並與身邊的人一同分享這份美好呢？

我由衷地相信，這樣的分享，能讓世界變得更溫暖一點，
因此寫下這本書，也感謝各位讀到這裡。

當我寫到這裡，竟然有點捨不得結束。

也許是因為，這本書裡還有好多想說的話，還有好多想傳達的人，
寫作的過程讓我感到幸福。

能夠分享這些「正向的視角」，是一件快樂的事，
也因此，我有點捨不得為本書寫下結尾。

我希望，這本書的「後續」由你來接力。
你或許會在日常生活中，發現更多值得分享的措辭轉換。

如果有一天你也發現了新的「正向說法」，請把它傳遞出去。
「我發現了一個新的說法！」
「這本書讓我對某件事有新的體會！」
如果這樣的想法能不斷傳遞開來，影響更多的人，那將是最棒的事。

我期待著，未來某一天，你分享的觀點能傳回到我這裡，讓我也有所收穫。

人生的旅程還在繼續，世界的歷史也在延續。

我所領悟的智慧，來自於前人的傳承，

同樣地，我也希望這本書中的想法，

能透過你，傳遞給下一個世代。

帶著這樣的願望，我要在這裡畫下句點。

感謝你，真的，謝謝你讀到這裡。

P.S.

其實，一開始舉的例子中，對卡車行駛速度感到不耐煩的人，就是過去的我。
那時的我，總是對周遭的一切充滿不滿，習慣性地挑環境和別人的毛病。

但後來，我遇到了一個契機，開始調整自己的想法，改變自己的言行。
就在那時，我才驚覺：
「明明是同一個世界，為什麼換個角度看，一切都變得不一樣了？」
正因為這樣，我開始在 Instagram 上寫下這些想法。

希望能讓某個世界角落裡，
和過去的我一樣迷惘的人，也有所觸動。
沒想到，這樣的內容慢慢傳遞開來，
最終讓我有機會將這些想法整理成書，真的非常感謝。
（特別感謝 Wanibooks 的田中編輯！）

在 Instagram 上，我也會分享讓大家能夠一起參與的內容，
偶爾還會開設相談專區，希望能打造一個讓世界變得更積極正向的地方。

歡迎你隨時來看看，
留言、私訊都很歡迎！
雖然每天收到的私訊很多，無法保證一一回覆，
但我都會認真閱讀，並將大家的想法反映在下一篇文章中。

言語的力量會回到自己身上，
所以，我也期待收到溫暖、善意的訊息喔（笑）。
那麼，這次就真的要畫下句點了。
謝謝你的閱讀！

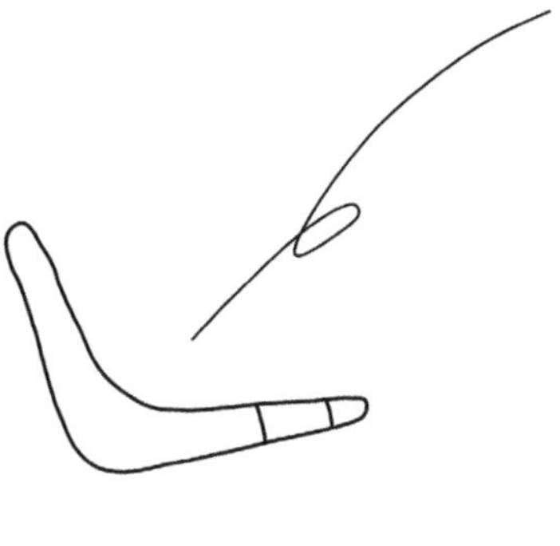

裝幀・本文設計　谷関笑子（TYPEFACE）
插畫　えらせん
編輯　田中悠香（ワニブックス）

一生使えるポジティブ言い換え言葉
ISSYOU TSUKAERU POSITIVE IIKAE KOTOBA

說好話，好會說話！
直達人心的好感溝通術

出　　版／楓書坊文化出版社
地　　址／新北市板橋區信義路163巷3號10樓
郵 政 劃 撥／19907596　楓書坊文化出版社
網　　址／www.maplebook.com.tw
電　　話／02-2957-6096
傳　　真／02-2957-6435
作　　者／Erasen
翻　　譯／廖玠淩
責 任 編 輯／陳亭安
內 文 排 版／紫光書屋
港 澳 經 銷／泛華發行代理有限公司
定　　價／400元
出 版 日 期／2025年7月

國家圖書館出版品預行編目資料

說好話，好會說話！直達人心的好感溝通術 / Erasen作；廖玠淩譯. -- 初版. -- 新北市：楓書坊文化出版社, 2025.7　面；　公分

ISBN 978-626-7730-17-1（平裝）

1. 溝通技巧　2. 說話藝術　3. 人際關係

177.1　　114007280